AF368706

Catalogación en la publicación – Biblioteca Nacional de Colombia

Stevenson, Robert Louis, 1850-1894
    Jardín de versos para niños / Robert Louis Stevenson ;
traducción, David Cherición ; ilustrado por Diana Sarasti Realpe. --
1a. ed. – Bogotá : Editorial Magisterio, 2016.
    96 p. : il. – (Colección oso de anteojos)

    ISBN 978-958-20-1234-2

    1. Poesía infantil inglesa - Siglo XIX I. Cherición, David, 1940-,
tr. II. Sarasti Realpe, Diana Marcela, il. III. Título IV. Serie

CDD: 823.8 ed. 23   CO-BoBN– a990899

Jardín de Versos para Niños

ROBERT LOUIS STEVENSON

Traducción: DAVID CHERICIÁN

Ilustrado por: Diana Sarasti Realpe

Colección Oso de Anteojos

JARDÍN DE VERSOS PARA NIÑOS

Robert Louis Stevenson

© David Chericián: *Selección, traducción y versión:*
Segunda edición 2016
Reimpresión 2019

Cooperativa Editorial Magisterio
Diagonal 36bis no 20-70
PBX: 0571-3383605
Bogotá, D.C. Colombia
www.magisterio.com.co

ISBN: 978-958-20-1234-2

Diseño e ilustración: Diana Sarasti Realpe

A la cama en verano

En invierno, aún de noche, ya estoy listo

y a la luz de una vela yo me visto.

En verano la cosa es al revés

y me acuesto cuando aún de día es.

Tengo que irme a la cama y ver volando

en los árboles pájaros trinando,

o los pasos oír de los mayores

que por la calle esparcen sus rumores.

¿No te parece duro cuando ves

que el cielo aún está azul y claro es,

y tanto me quisiera ir a jugar,

que de día me tenga que acostar?

Junto al mar

Cuando me hallaba junto al mar un día

una pala de palo yo tenía

para hacer huecos en la arena.

Estaban tan vacíos como un vaso,

el mar los fue llenando paso a paso

hasta dejar la playa otra vez llena.

Pensamiento de la noche joven

La noche entera, y cada noche,

cuando apaga la luz mamá,

como de día, ante mis ojos,

yo veo a la gente pasar.

Emperadores, reyes, ejércitos,

todos con cosas bien distintas,

van marchando con tanta pompa
como nunca se ve de día.

Nunca brinda tal espectáculo
el gran circo de la sabana;
todo tipo de bestia y hombre
va marchando en la caravana.

Al principio se mueven lentos,
y más veloces por momentos,
junto a ellos yo me mantengo
hasta llegar al país del sueño.

Deberes de los niños

Debe un niño decir siempre verdad

y hablar con precisión y claridad,

siempre en la mesa actuar del mejor modo

que sea posible, y así ser en todo.

Lluvia

Está lloviendo en todas partes,

en campos y árboles al par,

aquí llueve sobre paraguas

y sobre barcos en la mar.

Cuento de piratas

Tres de nosotros flotamos cerca del columpio ahora,

tres a bordo de una cesta que por la llanura va

remolinos en el aire soplan en la primavera

y las olas en el prado son como olas en el mar.

¿Dónde nos aventuramos, hoy que flotamos, del tiempo
tiempo

cautelosos y guiándonos por una estrella no más?

¿Conduciremos el buque hasta las costas de África,

Providencia, Babilonia, o quizá hasta Malabar?

¡Ah!, pero hay un escuadrón que se acerca por la mar

¡viene el ganado a la carga con un rugido sin fin!

Pronto, y nos escaparemos, están totalmente locos.

El portón es nuestro puerto y la orilla es el jardín.

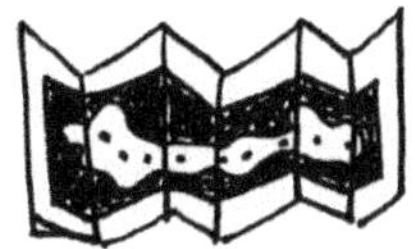

Mundos lejanos

¿Quién al cerezo, ágil y presto

subiría? ¡Yo, por supuesto!

el tronco así con ambas manos

y miré a los mundos lejanos

Vi extenderse el jardín de al lado

con flores para mí adornado,

y más lugares cautivantes

que nunca había visto antes.

Vi deslizarse el arroyuelo

y ser espejo azul del cielo:

cruzadas sendas polvorientas

llenas de gentes muy contentas.

Si árbol más alto hallar pudiera,

más lejos y más lejos viera,

donde el río adulto va a dar

entre los barcos en la mar,

donde sendas y encrucijadas

conducen al país de las hadas,

se sirve a tiempo la comida

y los juguetes cobran vida.

Noches de viento

Cuando al salir luna y estrellas

el viento fuerte está soplando,

toda la noche oscura y húmeda

un hombre pasa galopando.

Cuando en la noche no hay fuegos ya

¿por qué él galopa sin cesar?

Cuando gritan alto los árboles

y sarandea el mar los barcos,

por el bajo y alto camino

él pasa y pasa galopando.

Galopando entonces va él

y regresa galopando otra vez.

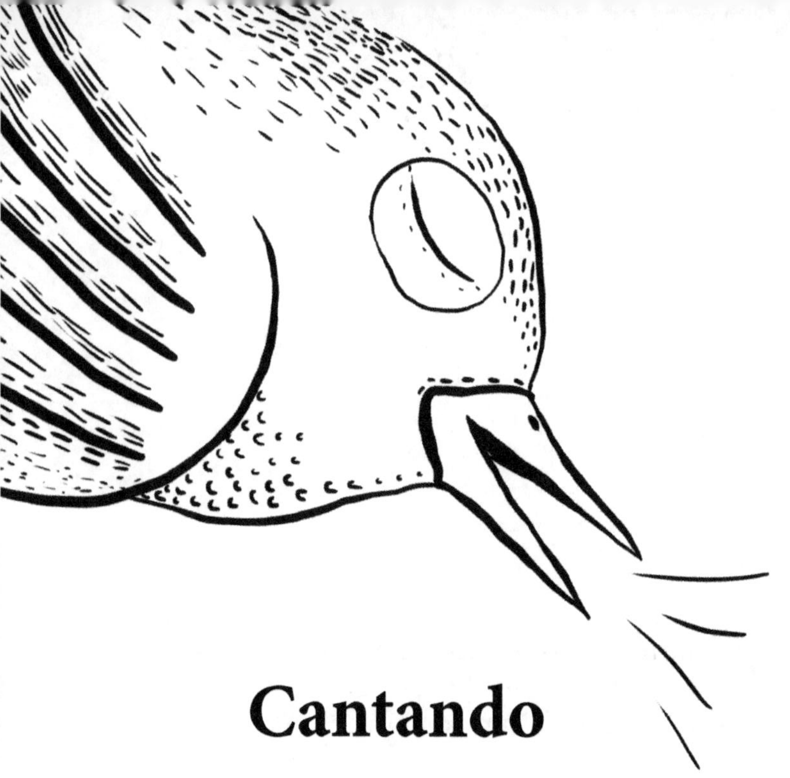

Cantando

Canta el ave de huevos pardos
y de nidos por terminar;
canta el marino de cuerdas, fardos
en los barcos sobre la mar.

Cantan los niños en Japón

en España, y el organista

da en el órgano su canción

bajo la lluvia; ¡cuánto artista!

Mirando al futuro

Cuando yo crezca y sea ya persona mayor

me sentiré orgulloso y con honor.

Y cada niño y niña le diré que respete

y me dejen en paz con mis juguetes.

¿A dónde van los botes?

El río es pardo oscuro,

la arena de oro brilla.

Fluye siempre seguro

plantas en cada orilla.

Verdes hojas flotan,

torres de espuma, van;

mis botes navegando

¿hacia qué puerto irán?

Sigue el río fluyendo

más allá del molino,

al valle va cayendo

al pie de la colina.

Por el río risueño,

de cien millas o más

otros niños pequeños

mis botes me traerán.

Las faldas
de tía

Cuando tía anda, hace
un sonido

más que curioso

su vestido;

rastreando el piso, su gran cola

por la puerta parece ir sola.

El país de la sobrecama

Cuando yo estaba enfermo y en la cama,

dos almohadas a la vez tenía,

y todos mis juguetes a mi lado

para tenerme feliz todo el día.

Y a veces mis soldaditos de plomo

marchar por una hora o más veía,

con varios uniformes y ejercicios,

por la colcha, a través de las colinas.

Y mis flotas de barcos por las sábanas

mandaba a navegar a mi placer,

o sacaba mis árboles y casas

y plantaba ciudades por doquier.

Yo era el grandioso y callado gigante

sentado en la colina de la almohada,

que ante él ve, en la cañada y en el llano,

el país grato de la sobrecama.

El país del sueño

Desde que desayuno, todo el día . . . .

con mis amigos en mi casa Juego;

pero me voy afuera cada noche,

lejos y solo hacia el país del sueño.

Tengo que ir yo solo, sin que nadie

diga qué puedo hacer o qué no puedo

yo solo en él junto a los ríos

y las laderas de los sueños.

Para ver, y también para comer,

las cosas más extrañas allí encuentro,

y muchas visiones aterradoras

hasta la aurora en el país del sueño.

Y por mucho que yo trato de hallar

el camino, ir de día a él no puedo,

ni puedo recordar nítida y clara

la música sublime que allí tengo.

Mi sombra

Tengo una pequeña sombra que conmigo siempre va,

para qué puede servir no sé yo quién lo sabrá.

De los pies a la cabeza se parece mucho a mí,

y cuando salto a la cama veo que ella ya está allí.

Lo más gracioso es su modo de crecer en un momento

no como los niños reales, que lo hacen siempre muy lento;

porque a veces es tan larga como el cuello de una
pera,

y otras veces tan pequeña que se pierde toda entera.

No tiene idea de cómo los niños deben jugar,

de cualquier manera siempre me quiere el pelo
tomar.

Es cobarde, porque siempre junto a mí va
dondequiera;

me daría a mí vergüenza ir así con mi niñera.

Una mañana, temprano, antes de rayar el día,

me levanté y vi el rocío brillando en las peonías;

mas mi sombra perezosa tras de mí en casa quedó,

y como gran dormilona enseguida se durmió.

La vaca

A la amistosa vaca, blanca y roja,

quiero con todo el corazón y el alma:

con todo su poder me da ella crema

para comer con pastel de manzanas

Mugiendo aquí y allá vagabundea,

y aún así extraviarse no podría,

todo en el agradable campo abierto,

en la agradable luz del día.

Por los vientos que pasan empujada

y húmeda por las lluvias en el monte,

ella anda entre la hierba de los prados

y se come todas las flores.

Pensamiento feliz

Tan lleno el mundo está

de cosas miles

que debemos
cual reyes

ser felices.

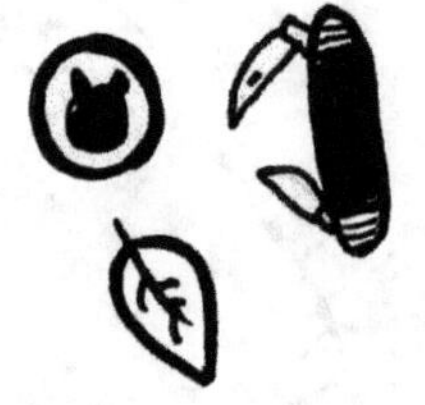

El viento

Te vi impulsar cometas de alto vuelo

y llevar a los pájaros al cielo;

y a todo alrededor te oigo pasar,

cual faldas de mujeres al andar

¡Oh viento, tú que soplas tanto y tanto,

oh viento, que tan alto das tu canto!

Vi las cosas diferentes que hacías,

pero de mí tú siempre te escondías.

Y te sentí empujar, te oí llamar,

pero a ti no te pude contemplar

   ¡Oh viento, tú que soplas tanto y tanto,

   oh viento, que tan alto das tu canto!

Oh tú, tan fuerte y frío, por favor,

¿eres joven o viejo, oh soplador?

¿Un animal del campo que aquí aulló,

o sólo un niño más fuerte que yo?

   ¡Oh viento, tú que soplas tanto y tanto,

   oh viento, que tan alto das tu canto!

El molino del recuerdo

Más allá de fronteras, pecado imperdonable,

desgajando las ramas y dejándonos ir,

por la orilla del río vamos alegremente,

a través de la grieta del muro del jardín.

Aquí se halla el molino que zumba como el trueno,

aquí la maravilla de la espuma que embalsa,

aquí el canal en donde echamos la carrera

¡lugares fabulosos, aunque a un paso de casa!

Los ruidos de la aldea se hacen más y más quedos,

más tenues dan los pájaros trinos en la colina;

polvorientos y opacos ojos del molinero,

sordos son sus oídos que el molino fatiga.

Pueden pasar los años, y en el río la rueda

girar tal como gira por nosotros hoy, niños,

girar, seguir rugiendo y espumeando por siempre

mucho después que todos los niños se hayan ido.

De vuelta de las indias, y de vuelta de océanos

soldados y héroes todos a casa volveremos;

y hallaremos la rueda del molino girando,

en espuma ese río cambiando y revolviendo.

Tú con el golpe que te di cuando peleamos,

yo con tus bolas de aquel último sábado,

y con ropas alegres, todos viejos y honrados,

aquí nos reuniremos recordando el pasado.

Los viajes del sol

El sol no se ha acostado cuando yo

en la noche me acuesto con mi almohada;

sigue él su viaje en torno de la tierra,

y lo hace mañana tras mañana.

Cuando jugamos, con el día brillante,

en el jardín soleado, aquí en la casa,

cada indiecito con cara de sueño

recibe un beso y debe irse a la cama.

Y cuando acabo de cenar, de noche,

más allá del Atlántico amanece,

y en occidente niños y más niños

están ya levantándose y vistiéndose.

Mi cama es un barco

Mi cama es como un barco pequeño;

la niñera me ayuda al embarcar;

me ciñe mi capote de marino

y me introduce en la oscuridad.

Desde la borda digo buenas noches

a todos mis amigos al zarpar;

cierro mis ojos lejos de la orilla

y no veo ni oigo nada más.

A veces llevo cosas a la cama,

como hacen los marinos precavidos;

a lo mejor pasteles o bizcochos,

quizá un juguete o dos junto conmigo.

Toda la noche oscura navegamos;

pero cuando retorna al fin el día,

a salvo yo en mi cuarto, junto al muelle,

encuentro mi veloz buque en la orilla.

El columpio

¿Te gustaría montar en un columpio,

alto en el claro aire tan azul?

¡Oh, yo pienso que es lo más divertido

que puede hacer un niño como tú!

Alto en el claro aire y sobre el muro,

hasta que puedo ya muy lejos ver,

árboles, ríos y ganado y todo,

todo lo que en el campo puede haber.

Hasta que miro abajo el jardín verde,

también abajo al techo gris pardo,

¡alto en el claro aire otra vez vuelo,

en el aire hacia arriba y hacia abajo!

Hora de levantarse

Un pajarillo de pico amarillo

voló hasta la ventana y con el brillo

que en sus ojos alzó burlón:

"¿No te da a ti vergüenza, dormilón?

El espejo del río

Pulido por su curso se desliza,

aquí destella, más allá se riza

   ¡oh gravilla luciente!

   ¡oh la suave corriente!

Peces de plata, capullos fluyentes,

pocetas como el aire transparentes

   ¡cuánto un niño desearía

   vivir allí algún día!

Puedes ver nuestras casas coloreadas

flotar en esas charcas agitadas,

en los frescos esteros

umbríos, placenteros;

hasta que arremolinan las pocetas

una marta, una trucha, en sus piruetas;

al caer centellearon

y todo lo borraron.

Los círculos persíguense inseguros;

todo abajo, cual noche, se hace oscuro,

¡igual que si mamá

apagara la luz y ya!

Paciencia, niños, un minuto apenas,

y las aguas vuelven a estar serenas;

y todo en la corriente

se aclara lentamente.

El henil

La hierba en todo el agradable campo

a la altura del hombro creció, y más,

hasta que con brillantes haces fueron

y la cortaron ya para secar.

Esta verde cosecha de olor dulce

llevaron en vagones a la casa;

y para que vagaran montañeses

las apilaron en montañas altas.

Aquí está monte claro, monte águila,

monte clavo oxidado y monte alto

¡los ratones que habitan estos montes

ser más felices que yo no soñaron!

Oh qué alegría de trepar por ellas,

oh qué sitio para jugar sin freno,

con el dulce aire, polvoriento y tenue,

de las felices colinas de heno.

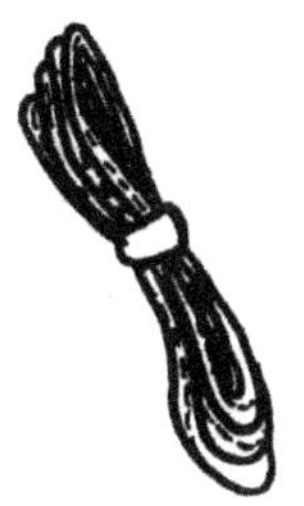

Adiós a la granja

El coche al fin está a la puerta;

montando aprisa, los niños ansiosos

cantan a coro, besando las manos:

¡adiós, adiós a todo!

Cerramos los portones a la casa,

al prado, al césped, al jardín, al pozo,

a los árboles y al columpio,

¡adiós, adiós a todo!

Y tengan todo el tiempo muy buen viaje,

oh escalera del henil gozoso,

oh henil donde se adhieren telarañas,

¡adiós, adiós a todo!

Restalla el látigo y partimos; árboles

y casas se reducen poco a poco;

al fin doblamos la boscosa curva;

¡adiós, adiós a todo!

Mi barco y yo

Pues resulta que yo soy el capitán de un barquito muy aseado,

un barquito que al estanque sale siempre a navegar;

y mi barco se mantiene dando vueltas a lo largo y a lo ancho;

pero cuando yo más viejo sea, un día el secreto he de hallar

de cómo enviar mi buque a navegar más allá.

Porque yo quiero decir crecer hasta ser tan pequeño como el muñeco en el casco,

y al muñeco lo pretendo hacer vivir para zarpar;

y con él al lado mío de ayudante es como iré a navegar,

navegar por toda el agua, cuando sopla alegre brisa

y la nave se menea, balancea, bambolea sin cesar.

Me verán, pues, navegando entre juncos y entre cañas,

y en la proa el agua clara oirán cantar;

porque junto a mi muñeco marinero voy a viajar y a explorar,

para atracar en la isla donde nunca estuvo antes un muñeco,

y contentos disparar el cañón de juguete al saludar.

Libros ilustrados en invierno

Llega al invierno, se apagó el verano

pulgares hormigueantes, días helados,

en la ventana pájaros con frío,

y los libros de cuentos ilustrados.

El agua se hace piedra y mi niñera

y yo por ella vamos lado a lado;

pero aún hallamos arroyos fluyentes

en los libros de cuentos ilustrados.

Todas las cosas lindas ahí puestas

esperan por los niños, hay pintados

ovejas y pastores, pillos y árboles,

en los libros de cuentos ilustrados.

Podemos ver allí todas las cosas,

cerca y lejos, los mares, los poblados,

y las miradas de hadas voladoras

en los libros de cuentos ilustrados.

¿Cómo cantarles, oh, días felices,

junto a la chimenea ambos sentados,

de mi niñera en el regazo tibio,

viendo libros de cuentos ilustrados?

Mis tesoros

Estas nueces que guardo dentro de la gaveta

donde van mis soldados de plomo a descansar,

en otoño acopiamos mi niñera y yo juntos

de un bosque con un pozo a la orilla del mar.

Este silbato hicimos (¡y lo claro que suena!)

al borde de un sembrado al final de las tierras.

De una rama de plátano, usando mi cuchilla,

mi niñera, ¡ella sola lo hizo, mi niñera!

La piedra, con el blanco, el gris y el amarillo,

la encontramos nosotros no sé decir cuán lejos;

yo la traje hasta aquí, fatigado y con frío,

porque aunque me lo niegue papá, yo sé que es oro.

Pero de mis tesoros el último es el rey,

porque hay muy pocos niños con algo de tal mérito;

y es un simple cincel, cuyo mango y cuya hoja

hizo un hombre que era de verdad carpintero.

Ciudad de bloques

¿Qué eres capaz de hacer con tus bloques sencillos?

Templos y embarcaderos, palacios y castillos.

puede caer la lluvia y otros pueden vagar,

yo puedo ser feliz construyendo en mi hogar.

Sea el sofá montañas, sea la alfombra el mar,

yo ahí edificaré para mí una ciudad;

una iglesia, un molino, un palacio y un huerto

y, para que mis buques puedan fondear, un puerto.

Grande es el palacio con pilares, murallas

y, en lo más alto de él, especies de atalayas,

y escalones que bajan en perfecta armonía

a donde están mis barcos a salvo en la bahía.

Este de aquí está anclado, ese trono está zarpando:

¡atiendan, los marinos a bordo están cantando!

¡Y en las escalinatas del palacio, los reyes

están yendo y viniendo con regalos y leyes!

Ahora acabé con eso, ¡todo abajo y a un lado!

en un momento el pueblo todo se ha derrumbado.

Bloques y bloques yacen libres ya y al azar,

¿qué se hizo la ciudad que puse junto al mar?

Vuelvo a ver, sin embargo, lo que vi en ese espacio:

los barcos y los hombres, la iglesia y el palacio,

y mientras viva, y donde quiera que esté, el mirar,

siempre recordaré mi ciudad junto al mar.

El país de los libros de cuentos

De noche, cuando está la lámpara encendida,

junto al fuego mis padres reposan la comida;

frente al hogar se sientan, cantan una tonada

y conversan, conversan y no juegan a nada.

Con mi escopeta, entonces, me arrastro con cuidado

entre la oscuridad, a la pared pegado,

y rastreo las huellas en un bosque que está

por detrás del oscuro espaldar del sofá.

Allí, en la noche, donde nadie me espía, yo

permanezco en mi campamento de cazador,

y entonces juego a todos los libros que he leído

hasta la hora de irme a la cama rendido.

Éstas son las colinas, ésta es la floresta,

éstas mis soledades con estrellas de fiesta;

y éste es el río a cuyas orillas puedes ver

los leones rugientes que vienen a beber.

A los demás muy lejos veo, cual si yacieran

junto al fuego que al centro del campamento hicieran,

y, como explorador indio, voy en cuclillas

y merodeo en tomo a toda su pandilla.

Y, cuando mi niñera ya me viene a buscar,

yo retomo a la casa a través de la mar,

y me voy a la cama recordando contento

mi querido país de los libros de cuentos.

PRIMEROS
AUXILIOS

Ejércitos en el fuego

En la calle hay farolas encendidas;

las pisadas suenan desvanecidas;

y el tenue azul cae lentamente al fin

sobre árboles y muros del jardín.

Al caer la oscuridad en torno mío,

el fuego colorea el cuarto vacío;

cálido va del techo a la pupila

y en los lomos de los libros titila.

Por las torres de ciudades llameantes

van en el fuego ejércitos triunfantes;

hasta que mi mirada llega a ver

ejércitos y brillo perecer.

De nuevo entonces vuelve el resplandor;

la ciudad fantasmal torna a su ardor;

¡y al valle al rojo vivo veo entrar

ejércitos fantasmas al marchar!

Sean sinceros, rescoldos parpadeantes,

¡dónde van los ejércitos triunfantes,

y qué es esa ciudad viva y ardiente

que crepita en su horno refulgente!

La pequeña tierra

Si estoy solo en casa sentado

y muy aburrido y cansado,

cerrar los ojos sólo debo

para ir volando por el cielo

para ir muy lejos en mí vuelo

al agradable país del juego;

al lejano país de las hadas

con la gente menuda encantada:

donde los tréboles son árboles

y los charcos son los mares,

las hojas, cual barcos pequeños,

navegan en viajes de ensueños;

y sobre el árbol de la margarita

entre la hierba rasa

el abejorro alto se agita,

zumba y pasa.

En ese bosque de aquí allá

puedo ir y puedo pasear;

ver a la mosca y a la araña

y a las hormigas desfilar

cargando bultos con las patas

por la verde calle enyerbada

puedo sentarme en la brujita

al posarse la mariquita.

Subir puedo a las hierbas finas y ver en vuelo

pasar las grandes golondrinas por el cielo,

y rodando el redondo sol

sin ver las cosas como yo.

Por ese bosque yo ir me dejo

hasta que, como en un espejo,

al colibrí y la margarita

yo veo junto a mi ser mínimo,

dibujados claros y nítidos

en el charco que hay en mis pies.

Si cayera una hoja tal vez

y a donde estoy fuera a parar,

yo abordaría la barquita

y flotara en el charco-mar.

Hay criaturas pensativas

en sus costas de hierbas vivas.

Amorosos ojos henchidos

navegar me ven sorprendidos.

Los hay con verdes armaduras

¡seguro vieron guerras duras!

algunos visten tonos mil,

oro, azul, negro, carmesí;

algunos vuelan muy ligeros

todos amables y sinceros.

Si mis ojos abro otra vez

veo cada cosa como es:

paredes y pisos desnudos;

graves tiradores ceñudos

en las gavetas y en las puertas;

grandes adultos con inciertas

costuras que hay que remendar,

todos como colinas frías

que yo muy bien puedo escalar,

y hablando siempre tonterías

    ay, pobre de mí al ver

    que yo consiga ser

allá en el charco-mar marino,

alpinista en el trébol fino

    y sólo regresar,

con la cabeza soñolienta,

tarde en la noche lenta

para irme a acostar.

Huevos en el nido

Todo el día de sol los pájaros

se han agitado y han peleado

aquí en la copa del laurel

que más parece un emparrado.

Aquí en la horquilla de una rama

el nido pardo está;

a cuatro huevitos azules

la madre calor da.

Mientras la contemplamos todos

fijamente, embobados,

a salvo en cada huevo están

los bebés de pájaros.

Los huevos frágiles muy pronto

al salir los astillarán

y a todos los bosques de abril

alegres con su canto harán.

Y más jóvenes que nosotros,

oh niños, y más frágiles,

pronto en el aire azul serán

cantores y navegantes.

Nosotros, más viejos que ellos,

más fuertes y más altos,

no hemos de ver ya más

a los pequeños pájaros.

Ellos irán volando pronto

con sus discursos musicales

muy alto por encima de

las copas de los árboles.

Nosotros, a pesar de nuestro

saber y hablar sensato,

debemos sobre nuestros pies

pesadamente ir caminando.

Sol de verano

Grandioso es el sol, y muy lejos, grandioso,

va a través de los cielos vacíos sin reposo;

y en los azules días de estío refulgentes

más que la lluvia llueven sus rayos inclementes.

Aunque aún más las persianas cerremos cuando alumbra

para mantener fresco el salón en penumbra,

él hallará una grieta, o dos, o quizás tres,

para meter sus dedos dorados a través

del desván polvoriento, lleno de telarañas,

él, por la cerradura, alegra con sus mañas:

y a través de los bordes rajados de azulejos,

en lo alto del henil sonríen sus reflejos.

Mientras tanto su cara dorada y de carmín

él desnuda por todo el suelo del jardín,

cae su mirada cálida y brillante en la piedra

y entre los más recónditos rincones de la hiedra.

Y sobre las colinas, por el azul, despierto

por el aire brillante, él va con paso cierto,

para alegrar al niño y colorear la rosa,

jardinero del mundo, va él y allí se posa.

El soldado mudo

Cuando el césped estaba bien segado,

caminando iba solo por el prado,

en la hierba encontré un hueco y allí

bajo la tierra un soldado escondí.

Venía aprisa ya la primavera;

las hierbas escondían mi madriguera;

y corrían, verde mar sin orilla,

por sobre el césped hasta mi rodilla.

Bajo la hierba solo él yace, como

mirando a lo alto con ojos de plomo,

capote púrpura y fusil que apunta

a las estrellas y al sol que despunta.

Cuando maduren la hierba y el grano

y la afilada hoz esté en la mano

otra vez, cuando el césped segará,

mi hueco entonces reaparecerá.

No teman, yo lo encontraré primero,

seguro encontraré a mi granadero;

por todo lo que se ha ido y vendrá y fue,

a mi soldado mudo encontraré.

Una cosa pequeña, él ha vivido

en el primaveral bosque florido;

si pudiera contármelo, hizo así

lo que me habría gustado hacer a mí.

Él ha visto las horas estrelladas

y las flores apenas estrenadas;

y todas esas cosas fabulosas

de los bosques de hierbas olorosas.

En el silencio él escuchó en murmullo

conversar a la abeja y el cocuyo,

voló la mariposa sobre él

mientras estaba solo en su cuartel.

Pero ni una palabra me dirá,

ni una palabra de lo que sabrá.

Lo pondré en el estante sin tardar

y la historia yo mismo he de inventar.

Fogatas de otoño

En los muchos jardines

    que hay por todo el valle

¡de fogatas de otoño

    mira el humo que sale!

Ya se marchó el verano

    con sus flores y zumos,

la fogata crepita,

    hay grises torres de humo.

¡Canta a las estaciones!

¡Algo brillante y hondo!

¡Flores en el verano,

fogatas en otoño!

A mi madre

Lee mis rimas tú también, mamá,

por el amor de tiempos no olvidados,

y acaso puedas oír una vez más

mis pies pequeños en el suelo anclados.

Contenido